DAVID,

OPÉRA EN TROIS ACTES.

PAR FEU

ALEXANDRE SOUMET

ET

M. FÉLICIEN MALLEFILLE,

Musique de M. MERMET.

DÉCORATIONS DES PREMIER ET TROISIÈME ACTES
PAR MM. SÉCHAN, DIÉTERLE ET DESPLÉCHIN,

DÉCORATIONS DU DEUXIÈME ACTE
PAR M. CICÉRI,

DIVERTISSEMENTS DE M. CORALLI.

Représenté pour la première fois sur le théâtre de l'Académie royale de Musique,
le mercredi 3 juin 1846.

Prix : 1 franc.

PARIS.

Mme Ve JONAS, LIBRAIRE-ÉDITEUR DE L'OPÉRA,
PASSAGE DU GRAND-CERF, 52.

1846

DAVID,

OPÉRA EN TROIS ACTES,

PAR MM.

ALEXANDRE SOUMET

ET

M. FÉLICIEN MALLEFILLE,

Musique de M. MERMET,

DÉCORATIONS DES PREMIER ET TROISIÈME ACTES
PAR MM. SÉCHAN, DIÉTERLE ET DESPLÉCHIN,

DÉCORATIONS DU DEUXIÈME ACTE
PAR M. CICÉRI,

DIVERTISSEMENTS DE M. CORALLI.

Représenté pour la première fois sur le théâtre de l'Académie royale de Musique,
le mercredi 3 juin 1846.

Prix : 1 franc.

PARIS.

Mme Ve JONAS, LIBRAIRE-ÉDITEUR DE L'OPÉRA,
PASSAGE DU GRAND-CERF, 82.

1846

DAVID,

OPÉRA EN TROIS ACTES,

PAR FEU

ALEXANDRE SOUMET

ET

M. FÉLICIEN MALLEFILLE,

Musique de M. MERMET,

DÉCORATIONS DES PREMIER ET TROISIÈME ACTES
PAR MM. SÉCHAN, DIÉTERLE ET DESPLÉCHIN,

DÉCORATIONS DU DEUXIÈME ACTE
PAR M. CICÉRI,

DIVERTISSEMENTS DE M. CORALLI.

Représentée pour la première fois sur le théâtre de l'Académie royale de Musique,
le mercredi 3 juin 1846.

PARIS,

M.ᵐᵉ V.ᵉ JONAS, LIBRAIRE-ÉDITEUR DE L'OPÉRA,
PASSAGE DU GRAND-CERF, 52.

1846

TYPOGRAPHIE DE Mme Ve BOUCHET-DUMAS,
rue Saint-Louis, 46, au Marais.

DISTRIBUTION

CHANT.

PERSONNAGES.	ACTEURS.
DAVID	Mme Stoltz.
SAUL	M. Baroilhet.
MICHOL	Mlle Nau.
JONATHAS	M. Gardoni.
LA PYTHONISSE	Mlle Moisson.
LE GRAND-PRÊTRE	M. Ferdinand Prévot.

Officiers, Gardes, Peuple, Lévites, Prêtres, etc.

DANSE.

Pas de deux.
Mmes Robert, Plumkey.

Pas de cinq.
Mmes Adèle Dumilatre, Caroline, Barré, Dimier, Dabas 1re.

Ensemble.
Coryphées: Mmes Franck, Nathan, Lacoste, Danse.

DAVID,

OPÉRA EN TROIS ACTES.

ACTE PREMIER.

La vallée du Térébinthe : paysage riant, calme, fertile ; prairies et collines inondées de soleil. A droite, un rocher coupé à pic dans le flanc d'une montagne ; au-dessous du rocher, un puits.

SCÈNE PREMIÈRE.

LES PASTEURS.

CHŒUR.

Des feux de l'aurore
Le ciel se colore ;
Célébrons en chœur
La paix, le bonheur.
Le jour près d'éclore
Nous vient du Seigneur.

SCÈNE II.

LES PASTEURS, UNE TROUPE DE FEMMES *portant des urnes et des corbeilles* ; MICHOL, *avec une suite de Jeunes Filles.*

CHŒUR DE FEMMES.

Mes sœurs, descendons dans les plaines,
Allons puiser l'eau des fontaines,

Portons dans nos corbeilles pleines
Le pain qui nourrit les pasteurs.

CHŒUR DES PASTEURS.

Voici venir à nous nos femmes et nos sœurs.

CHŒURS RÉUNIS.

Des feux de l'aurore
Le ciel se colore ;
Célébrons en chœur
La paix, le bonheur.

LE CHŒUR DES FEMMES, *s'approchant de Michol, qui se tient à l'écart, triste et rêveuse.*

O fille de Saül, pourquoi ce long silence ?

MICHOL.

Ma voix attristerait vos chants.

CHŒUR DES FEMMES.

Venez cueillir les fleurs des champs.

MICHOL.

Favorites du ciel, leur tige se balance
Loin des méchants...
Adieu, mes sœurs, adieu...

CHŒUR DES FEMMES.

De sa mélancolie
Michol est embellie ;
Respectons ses secrets.
Loin d'elle sur les monts portons nos pas discrets.

Les Femmes s'en vont avec les Pasteurs sur la montagne.

MICHOL, *à part.*

Il ne vient pas !... pour lui j'oublie
Et les chants et les fleurs...
O David ! mon âme est remplie
D'amour et de douleurs.

SCÈNE III.

DAVID, MICHOL.

DUO.

DAVID, *entrant.*

J'accours, franchissant la distance,
Près de toi m'a guidé mon cœur.

MICHOL.

Hélas ! je tremble en sa présence ;
Car sur mes pas est le malheur.

DAVID.

Partout me poursuit ton image,
Et mon bonheur est avec toi.

MICHOL.

Du ciel détournant ton hommage,
Crains de l'abaisser jusqu'à moi.

DAVID.

L'ange de Dieu, sur la montagne,
Un jour pour t'aimer, m'a conduit...

MICHOL.

David, cherche une autre compagne;
Je suis fille du roi maudit !...
En proie à l'ange des ténèbres,
Mon père, à tes accents divins
Répondrait par des cris funèbres !...

DAVID.

Pouvons-nous du Seigneur pénétrer les desseins ?

ENSEMBLE.

DAVID.

Mon âme est enivrée

D'un regard de tes yeux !
Douce vierge adorée,
Laisse-moi dans les cieux !

MICHOL.

Sous la voûte azurée
Son chant mélodieux,
Sur son aile enivrée,
M'emporte dans les cieux !

MICHOL.

Mais entre nous est un abîme...
Je suis la fille de ton roi !

DAVID.

De mon amour qui peut me faire un crime ?

MICHOL.

David, simple pasteur, ne saurait être à moi

DAVID.

Pour t'obtenir que faut-il être ?

MICHOL.

Un guerrier renommé, puissant...

DAVID.

Je le serai !
Je veux dans mon amour puiser un nouvel être,
Michol, je t'obtiendrai !

ENSEMBLE.

DAVID.

L'amour a, dans mon cœur,
En un cri de guerre,
Changé l'humble prière
Et l'hymne au Seigneur.
Sous le toit des bergers
Je laisse la houlette

Et que ma voix répète :
A moi les dangers !

MICHOL.

L'amour a, dans son cœur,
En un cri de guerre
Changé l'humble prière
Et l'hymne au Seigneur.
Sous le toit des bergers
Dépose la houlette,
Et que ta voix répète :
A moi les dangers !

CHŒUR, *rentrant en désordre.*

Fuyons !... fuyons !... Voici le roi maudit !

David se mêle aux Pasteurs qui fuient Saül. Michol les arrête du geste et va au devant de son père.

SCÈNE IV.

SAUL, MICHOL, LE CHŒUR, DAVID, *caché dans la foule.*

SAUL.

Partout je te retrouve, ô céleste colère !
Israël fuit son roi...

MICHOL.

    Mon père !

SAUL.

Un noir pressentiment m'agite et me poursuit.
Des cavernes d'Endor l'horrible Pythonisse
Aux abords du palais vint errer cette nuit,
Et toujours d'un malheur sa présence est l'indice.

MICHOL.

Que peut craindre Saül? il n'a plus d'ennemis...

SAUL.

Il en est un terrible auquel je suis soumis :
Samuel, tu le sais, à son heure suprême,
M'a dit : Il est un roi qui s'ignore lui-même...
Enfant mystérieux par le ciel appelé,
Sur qui, dans son berceau, l'huile sainte a coulé.
Peut-être ce rival, pour qui Dieu m'abandonne,
Doit-il bientôt venir m'arracher ma couronne;
Et le ciel contre moi, pour m'apprendre mon sort,
A lancé le démon des cavernes d'Endor.

MICHOL.

De votre noble cœur rappelez la constance.

SAUL.

Où fuir pour éviter sa fatale présence?
Viens, ma fille... fuyons! viens!... Efforts impuissants!...
Partout me poursuivront et son regard de flamme,
    Et sa voix qui glace mon âme!

VOIX *au dehors.*

Saül!...

SAUL.

    N'entends-tu pas de sinistres accents?...

VOIX *au dehors.*

Saül!...

LE CHŒUR.

Malheur! malheur!...

SAUL.

        Cette voix qui m'appelle...

SCENE V.

LES MÊMES, LA PYTHONISSE.

LE CHŒUR, *avec effroi.*

C'est elle!... c'est elle!...

SAUL, *de même.*

C'est elle!...

MICHOL.

C'est fait de nous!

LA PYTHONISSE, *paraissant sur le rocher.*

Tremble, Saül! car ton heure est venue!
Peuple, enfants de Saül, à ma voix tremblez tous!
L'ange exterminateur m'apparaît dans la nue;
Les vengeances du ciel vont éclater sur vous.

Elle sort.

SCÈNE VI.

SAUL, DAVID, MICHOL *et* LE CHŒUR.

O terreur! ô vengeance implacable!
Quel arrêt retentit dans les airs?
Du maudit c'est l'arrêt redoutable,
Cette voix, c'est la voix des enfers!

SAUL.

O douleur! souffrance infernale!
Voix horrible, voix fatale!
L'enfer répond à ta fureur!
Et la loi d'un Dieu que j'abhorre
Me condamne au feu qui dévore...
Révolte, viens remplir mon cœur!...

MICHOL *et* CHOEUR.

En toi mon âme espère,
O Dieu puissant, protége-nous !

SAUL.

Noir démon, laisse-moi !... je succombe...

MICHOL.

O mon père !

CHOEUR.

Seigneur, apaise ton courroux !

SAUL.

O douleur ! souffrance infernale !
Voix horrible, voix fatale !
L'enfer répond à ta fureur.

DAVID, MICHOL *et* LE CHOEUR.

O souffrance ! ô terreur !
Jour d'effroi ! jour d'horreur !

SAUL.

Ta loi, Dieu cruel que j'abhorre,
Me condamne au feu qui dévore...
Oui, l'enfer... l'enfer est vainqueur !

CHOEUR.

Oui, l'enfer est vainqueur !

Saül tombe haletant sur un rocher.

DAVID.

Dieu secourable,
Inspire-moi !

MICHOL *et* LE CHOEUR.

Ciel implacable !
Je meurs d'effroi !

DAVID, *s'accompagnant de sa harpe.*

Esprits du ciel, à mes accents

Étendez l'ombre de vos ailes!
Mon cœur s'élève avec mes chants...
Quittez les plages éternelles!...

SAUL, *rouvrant les yeux.*

Quelle voix consolante...
Réveille mon âme expirante?...

MICHOL.

C'est la voix de David qui monte vers le ciel.

SAUL.

Je sens que je pourrais invoquer l'Éternel!

DAVID, *avec enthousiasme.*

J'ai brisé la chaîne fatale,
Éclairci tes jours ténébreux!
Tu dormais dans l'ombre infernale,
Tu te réveilles dans les cieux!

ENSEMBLE.

SAUL.

Je dormais dans l'ombre infernale,
Je me réveille dans les cieux!

MICHOL, DAVID *et* LE CHŒUR.

Il dormait dans l'ombre infernale,
Il se réveille dans les cieux!

SCÈNE VII.

LES MÊMES, JONATHAS, *puis* L'ÉCUYER DE GOLIATH, *précédé de* GUERRIERS, *avec trompes et bannières.*

JONATHAS, *allant vers Saül.*

Israël s'épouvante et fuit au bruit des armes!...

SAUL.

Jonathas, ô mon fils, d'où viennent ces alarmes?

JONATHAS.

Du géant Goliath le terrible écuyer,
Au nom du Philistin vient tous nous défier.

La trompette se fait entendre. Les Guerriers philistins et l'Écuyer paraissent.

L'ÉCUYER, *d'un ton solennel.*

Goliath par ma voix vous défie et vous brave !

CHŒUR, *avec saisissement.*

Le géant Goliath nous défie et nous brave !

L'ÉCUYER.

Qu'un guerrier d'Israël se lève contre lui.

CHŒUR, *avec doute.*

Qu'un guerrier d'Israël se lève contre lui !

L'ÉCUYER.

Que le sort des deux camps se décide aujourd'hui ;
Que le guerrier vaincu rende son peuple esclave.
Le géant Goliath vous défie et vous brave.

Les Philistins sortent.

CHŒUR.

Goliath, ô terreur ! nous défie et nous brave !

JONATHAS.

J'accepte le défi...

SAUL.

Tu ne combattras pas.
La Pythonisse au présage funeste,
Pour ce jour qui s'écoule a prédit ton trépas.

JONATHAS.

Eh ! qu'importe !...

SAUL.

Il suffit. Je te l'ordonne : reste.

JONATHAS.

Du Seigneur notre Dieu qui défendra la loi?
Excepté Jonathas, nul aujourd'hui ne l'ose.

SAUL, *au peuple.*

Pour épouse au guerrier qui vengera ma cause
Je donnerai Michol. Qui veut combattre?

DAVID.

Moi.

SAUL.

Tu sais chanter, enfant, mais non vaincre...

DAVID.

Peut-être.

SAUL.

Inconnu dans nos camps...

DAVID.

Je me ferai connaître.
Cette fronde armera ma main.
Le trépas qu'elle donne est terrible et soudain.
Plus d'une fois, craignant son atteinte mortelle,
Le lion du désert s'est enfui devant elle.
Et Dieu, qui tant de fois m'a rendu triomphant,
Abattra le géant sous les coups de l'enfant.

CHŒUR.

Oui, Dieu l'inspire et son bras le défend.

DAVID.

Partons! le combat me réclame.
Peuple, tes vœux sont entendus.
Dieu d'Israël, ta vive flamme
Commande à mes sens éperdus.

CHŒUR.

Partons! le combat le réclame.
Partons! nos vœux sont entendus.

DAVID.

Mes accents ne sont plus que des hymnes de gloire;
Ma vie est une offrande au Dieu de la victoire.
 ar le ciel au combat je me sens animé;
Je suis le glaive ardent dont l'archange est armé.

ENSEMBLE.

Partons! le combat le réclame.
Partons! nos vœux sont entendus.
Dieu d'Israël, ta vive flamme
Commande à nos sens éperdus!

David sort entraînant le peuple à sa suite

ACTE DEUXIÈME.

Le théâtre représente les ruines de Ramatha, où s'élevait le tombeau de Samuel.

SCÈNE PREMIÈRE.

Au lever du rideau, Michol et quelques jeunes filles, ses compagnes, sont agenouillées autour du tombeau.

MICHOL.

RÉCITATIF.

David combat pour nous, et je tremble et j'espère,
Je viens de révéler notre amour à mon père.
David combat pour nous... Samuel ! Samuel !...
Ah ! prononcer ton nom, c'est invoquer le ciel.

AIR.

Fille du roi, je tremble et prie
Pour détourner d'affreux malheurs...
Le lac sacré de Samarie
A moins de flots que moi de pleurs.
O mon David ! ma voix t'implore,
Reviens, de nos lauriers couvert ;
Viens ; du couchant jusqu'à l'aurore,
Sans toi le monde est un désert.
Quel bruit soudain a troublé ma prière ?...

CHOEUR, *au dehors.*

Victoire !...

MICHOL.

Quels accents !

CHOEUR, *au dehors.*

Victoire !

MICHOL.

     Il est vainqueur!
Il vient, le front paré de sa palme guerrière.
D'espérance et d'amour je sens bondir mon cœur!
    Chantez sur la montagne,
    Car je suis sa compagne;
    O filles d'Israël!
    De votre voix bénie
    Que la douce harmonie
    S'élève jusqu'au ciel.

SCÈNE II.

SAUL, MICHOL, Gardes, Jeunes Filles.

SAUL.

A son sauveur ton père aussi veut rendre hommage,
 En lui donnant le prix de son courage.
Michol, qu'un doux lien vous unisse aujourd'hui;
David sera mon fils... Oui, tu vas être à lui.

MICHOL.

O bonheur!

SAUL.

    Pour l'hymen, allez! que tout s'apprête,
Et qu'ici sans retard on commence la fête.

SCÈNE III.

SAUL, puis LA PYTHONISSE.

SAUL, seul.

Enfin, je touche au moment solennel :

Mes gardes vont saisir, dans ses cavernes sombres,
L'horrible Pythonisse en pacte avec les ombres.
Oui, je découvrirai l'élu de Samuel,
Jonathas gardera le sceptre paternel.
C'est elle!... accomplissons toute ma destinée!...

Les Gardes amènent la Pythonisse enchaînée, et se retirent sur un signe de Saül.

DUO.

LA PYTHONISSE.

Pourquoi donc ma caverne est-elle profanée?
Saül, pourquoi suis-je traînée
Près du tombeau de Samuel?
Que me veux-tu?

SAUL.

Jusqu'à cette heure
En vain j'assiégeai ta demeure,
Pour découvrir ce roi, mortel plus abhorré
Que l'esprit des enfers dont on m'a délivré;
Ce roi sacré par un prophète,
Il faut enfin parler.

LA PYTHONISSE, *avec épouvante.*

Laisse-moi fuir!

SAUL.

Arrête!
Enfin à mes pieds je te tiens enchaînée.
L'enfer à ta voix n'a-t-il pas répondu?

LA PYTHONISSE.

En vain à tes pieds tu me tiens enchaînée :
La voix des enfers ne m'a pas répondu.

SAUL.

Il faut accomplir toute ma destinée.

LA PYTHONISSE.
Ton bras sur mon front est en vain suspendu

SAUL.
Si l'enfer s'obstine à se taire,
Je connais un témoin instruit de ce mystère,
L'ombre de Samuel.

LA PYTHONISSE.
Quoi ! tu voudrais tenter ?

SAUL.
Quand j'ai besoin d'un crime, est-ce à toi d'hésiter ?

SAUL.
Ta bouche satanique,
Aux lueurs des flambeaux,
Profère un chant magique
Entendu des tombeaux.

LA PYTHONISSE, *d'une voix mal assurée.*
Ma bouche satanique,
Aux lueurs des flambeaux,
Profère un chant magique
Entendu des tombeaux.

SAUL.
Quand ta voix les appelle
Avec d'affreux transports,
De leur nuit éternelle
Tu réveilles les morts.

LA PYTHONISSE, *de même.*
Quand ma voix les appelle
Avec d'affreux transports,
De leur nuit éternelle
Je réveille les morts.

SAUL.
Marchons, voici la tombe

LA PYTHONISSE.
Tu nous perds tous les deux.
SAUL.
Marchons, voici la tombe.
LA PYTHONISSE.
La terreur sur mon front fait dresser les cheveux.
SAUL.
Obéis.
LA PYTHONISSE.
Je succombe.
SAUL.
Viens.
LA PYTHONISSE.
Pitié !
SAUL.
Je le veux !...
LA PYTHONISSE, *se redressant de toute sa hauteur.*
Eh bien, donc ! que le ciel sur nous éclate et tombe !
Tu veux voir Samuel ? Tremble ! tu le verras.

ENSEMBLE.

LA PYTHONISSE.
Ma bouche satanique,
Aux lueurs des flambeaux,
Profère un chant magique
Entendu des tombeaux.
Quand ma voix les appelle
Avec d'affreux transports,
De leur nuit éternelle
Je réveille les morts.

SAUL.
Ta bouche satanique,
Aux lueurs des flambeaux,

Profère un chant magique
Entends des tombeaux.
Quand ta voix les appelle
Avec d'affreux transports,
De leur nuit éternelle
Tu réveilles les morts.

Saül et la Pythonisse disparaissent dans le tombeau.

SCÈNE IV.

DAVID, JONATHAS, MICHOL, LE GRAND-PRÊTRE, LÉVITES, GUERRIERS, PEUPLE.

Marche triomphale : d'abord le peuple, en habits de fête, chantant la victoire ; ensuite une troupe de guerriers, portant les bannières d'Israël mêlées aux étendards des Philistins vaincus, et sonnant des fanfares de guerre ; puis le Grand-Prêtre, suivi des Lévites, portant des vases où brûle l'encens ; enfin un nombreux cortège de Jeunes Filles, portant, les unes des corbeilles de fleurs, les autres des harpes ; tout le monde se range à droite et à gauche du tombeau, pour faire place à David, qui s'avance, paré d'habits magnifiques, le front couronné d'un casque d'or, entre Jonathas et Michol, vêtue de la robe nuptiale. À son passage, le peuple s'agenouille, les guerriers inclinent les bannières, les Jeunes Filles jonchent la terre de fleurs, les Lévites lèvent les vases sacrés, et le Grand-Prêtre étend les mains.

CHŒUR.

À son courage
Rendons hommage.
Gloire à David, au pasteur triomphant !
Dieu tutélaire,
Ta foi l'éclaire,
Ton bras soutient le bras d'un faible enfant.

LE GRAND-PRÊTRE.
Sur la terre il manquait d'espace,
Ce Philistin, ce fier géant ;
Le Seigneur le renverse et passe.
Peuple, priez : Dieu seul est grand.
CHOEUR.
A son courage, etc., etc.

Ballet.

Au milieu des danses, on entend un bruit souterrain.

CHOEUR.
De feux la tombe se colore.
JONATHAS.
Qui donc ici, mon Dieu! vas-tu frapper encore?
CHOEUR.
La terre tremble! ô jour affreux!

Saül est rejeté par le tombeau qui vomit des flammes.

SCÈNE V.

LES MÊMES, SAUL.

SAUL, *regardant le tombeau avec effroi.*
Je la vois, je la vois s'engloutir dans les feux.
Samuel! Samuel! j'entends ta voix terrible.
Là, sous mes pieds, prodige horrible!
Ton pâle fantôme a parlé.
TOUS.
Là... sous nos pieds... prodige horrible!
De Samuel l'ombre a parlé.

SAUL.

Le nom de mon rival m'est enfin révélé.
Tremblez, tremblez tous ! mon audace
Aujourd'hui m'a livré l'ennemi de ma race.

CHOEUR.

Jour d'effroi ! jour d'effroi !

SAUL.

Samuel l'a nommé.

CHOEUR.

Grand Dieu !

DAVID.

Quel est-il ?

SAUL, à David.

Toi !

FINAL.

ENSEMBLE.

DAVID.

Moi ! David, humble enfant, est-ce moi
Que le ciel peut choisir pour le trône ?

MICHOL *et* JONATHAS.

O David, à mon père, est-ce toi,
Toi, qui dois à mon père arracher la couronne ?

SAUL.

Oui, le traître, à son père, à son roi,
Doit un jour arracher la couronne.

CHOEUR DES GARDES.

Ce pasteur à Saül, à son roi,
Ose-t-il disputer la couronne ?

LE GRAND-PRÊTRE *et le* CHOEUR DU PEUPLE.

D'un berger le Seigneur fait un roi ;
Au Seigneur appartient la couronne.

LE GRAND-PRÊTRE.

Le prophète a parlé : David est notre roi.

SAÜL.

Sa couronne est trop belle et fait tomber sa tête.
Que pour lui le supplice au Gilgal s'apprête.

JONATHAS, à Saül.

Épargne, au nom du ciel,
Épargne, pour ta gloire,
L'élu de la victoire,
Le sauveur d'Israël.

MICHOL, à Saül.

Écoute ma prière,
Apaise ton courroux.
C'est ton fils, ô mon père,
Ton fils et mon époux.

SAÜL.

Non, rien ne sauvera mon rival du supplice.

MICHOL et JONATHAS.

Mon père !

SAÜL.

Allons, soldats !

MICHOL et JONATHAS.

Grâce !

SAÜL.

Qu'on le saisisse

LE GRAND-PRÊTRE.

Défendons notre roi ! le ciel est avec nous.

CHŒUR DES GARDES.

Il doit périr : le roi l'ordonne.
Point de pitié, point de remord.

CHŒUR DU PEUPLE.
Pour le saint roi que Dieu nous donne
Nous combattrons jusqu'à la mort.
CHŒUR DES GARDES.
Craignez nos coups, peuple rebelle !
CHŒUR DU PEUPLE.
Malheur à vous, race infidèle !

Les Gardes tirent leurs épées, le peuple lève des bâtons et apprête ses frondes.

DAVID, *se jetant dans la mêlée.*
Arrêtez ! je maudis, au nom du Tout-Puissant,
Celui qui de son frère aura versé le sang.

S'agenouillant devant Saül.

Garde le trône
Que Dieu me donne.
A toi mon cœur, à toi ma foi !
Et si ma vie
Te fait envie,
Prends-la, mon père, elle est à toi.

SAUL.
D'un rival odieux, soldats, délivrez-moi.

REPRISE DES DEUX CHŒURS.
Il doit périr, le roi l'ordonne, etc. | Pour le saint roi que Dieu nous donne,

La lutte est sur le point de recommencer ; David contient le peuple du geste, et se livre aux Gardes qui l'emmènent.

ACTE TROISIÈME.

Le sommet du mont Gelboë. A droite, dans le lointain, une masse de rochers abruptes ; à gauche, une tente entr'ouverte ; au fond, un ciel orageux, où le soleil couchant jette de sanglants reflets. La lumière s'efface peu à peu, et finit par faire place à la nuit.

SCÈNE PREMIÈRE.

DAVID, seul.

Déjà sur Gelboë s'apprête le supplice.
L'implacable Saül a résolu ma mort.
Que ta volonté sainte, ô mon Dieu, s'accomplisse !
　Sans me plaindre j'attends mon sort.
　　Il prend sa harpe et la contemple avec tristesse.
Toi, qui sur tes ailes de flamme
Portais au ciel mes chants vers Dieu,
Fidèle écho, voix de mon âme,
Ma harpe, il faut te dire adieu.
Bientôt tu perdras la mémoire
Des grands triomphes de Jephté
Et de l'immortel jour de gloire
Où le soleil s'est arrêté.
Au pied du palmier solitaire
Je n'irai plus, douce Rachel,
Mouillant de pleurs ta froide pierre,
Chanter l'espoir, rayon du ciel.
Toi, qui sur tes ailes de flamme
Portais au ciel mes chants à Dieu,
Fidèle écho, voix de mon âme,
Ma harpe, il faut te dire adieu.

Quel bruit soudain se fait entendre ?
Le supplice longtemps ne s'est pas fait attendre.

SCÈNE II.

DAVID, MICHOL, JONATHAS, *couvert d'un long manteau.*

DAVID.

Que vois-je ?

MICHOL.

Nous venons t'arracher au trépas.

DAVID.

Mes amis !

MICHOL.

Hors du camp je puis guider tes pas.

JONATHAS.

Du coup qui la menace il faut sauver ta tête ;
Va chercher au désert quelque sombre retraite ;
Mon manteau cachera ta fuite à tous les yeux ;
Pour tromper les gardiens, moi, je reste en ces lieux.

DAVID.

En me sauvant, ami, tu t'exposes toi-même.

JONATHAS.

De Saül pour son fils ignores-tu l'amour ?
Pars ! ne crains rien pour moi.

DAVID.

        Partir !... Funeste jour !

TRIO.

DAVID.

Abandonner tout ce que j'aime !
Aller m'ensevelir sous les sables brûlants !
O glaive de Saül, frappe-moi ! je t'attends.
Sur le sol d'Israël du moins si je succombe,
Les larmes de Michol couleront sur ma tombe.

MICHOL.

Tu veux donc, dans la tombe,
M'entraîner avec toi ?
Si tu meurs, je succombe ;
Pitié, pitié pour moi !

JONATHAS, à *David.*

Tu dois ton sang à ta patrie ;
Pour la sauver sauve ta vie.
Obéis ! le Prophète a parlé :
Sur ton front l'huile sainte a coulé.

MICHOL.

Pour nous, pour Israël, ah ! conserve la vie !

DAVID.

Mes amis !

JONATHAS.

Quel espoir ?...

DAVID.

Pour vous, pour la patrie,
Je pars : j'accepte enfin l'exil qui m'est offert.
Je suspendrai ma harpe au palmier du désert !

Sur la rive étrangère,
Pour consoler mes jours,
D'une épouse et d'un frère
J'emporte les amours !
Adieu, terre chérie,
Adieu, toit paternel ;
Je vais traîner ma vie
Loin des champs d'Israël !

MICHOL.

Mon cœur se brise...

DAVID.

Ah ! cache-moi tes larmes ;
Nous nous retrouverons dans des jours plus heureux.

JONATHAS.

O mon frère ! ô douleur !

MICHOL.

Loin de toi que d'alarmes !

DAVID.

Plaçons notre espoir dans les cieux.

ENSEMBLE.

DAVID.

Adieu, terre chérie,
Adieu, toit paternel ;
Je vais traîner ma vie
Loin des champs d'Israël !

MICHOL et JONATHAS.

Au nom de la patrie,
Loin du toit paternel
Il faut cacher ta vie
Pour sauver Israël !

David, enveloppé du manteau de Jonathas, sort avec Michol.

SCÈNE III.

JONATHAS, *seul.*

Il s'éloigne... O mon frère !
Ta fuite épargne un crime aux fureurs de mon père ;
A l'amour de ma sœur je conserve un époux.
Ah ! je mourrai content s'il faut mourir pour vous !

La nuit descend.

CHOEUR DE PASTEURS, *au loin.*

Quittons le pâturage ;
Le jour a fui.
Au loin gronde l'orage ;
L'éclair a lui.

ROMANCE.

JONATHAS.

Quand les troupeaux sur la bruyère
Paisiblement rentraient le soir,
David, dans ton humble chaumière,
Autrefois tu venais t'asseoir.
    Palmiers, sous votre ombrage,
      Toit protecteur,
    Préservez de l'orage
      Le roi pasteur!
En moi quel trouble je sens naître!...
Dans les airs quel sinistre bruit!...
Je ne te verrai plus peut-être!...
O David, mon âme te suit!...

Jonathas s'étend sur une pierre à l'entrée de la tente, et répète le refrain en s'endormant.

    Palmiers, sous votre ombrage,
      Toit protecteur,
    Préservez de l'orage
      Le roi pa-teur!

Jonathas entre dans la tente, enveloppé du manteau de David, se couche et s'endort. On entend l'orage s'avancer en grondant; les éclairs commencent à sillonner l'horizon.

SCÈNE IV.

SAUL, seul.

Vainement Samuel m'a jeté son oracle;
Mon glaive est assez fort pour braver un miracle.
Frappons! n'attendons pas le retour du soleil.
Voici mon ennemi gardé par le sommeil.
                Il s'avance vers la tente

Ma fureur m'abandonne :
Je n'aime pas le sang d'un ennemi qui dort.

Il s'éloigne de quelques pas.

Mais le peuple à son front veut mettre ma couronne.
La révolte partout s'agite et m'environne.
On chante sa victoire... on chantera sa mort.
— Viens arrêter ce fer qui dans son cœur se plonge,
Tyran du ciel, moins fort que moi !
David régner !

Il entre, l'épée nue, dans la tente où repose Jonathas, et en ressort, au bout d'un instant, en proie à une agitation furieuse.

David est mort.

SCÈNE V.

SAUL, LA PYTHONISSE, DAVID, LE GRAND-PRÊTRE, LÉVITES, PASTEURS.

LA PYTHONISSE, *montrant David qu'on ramène en triomphe à la lueur des torches.*

David est roi !

LE GRAND-PRÊTRE *et le* CHŒUR.

David est roi !

Saul s'élance, l'épée à la main, contre David. La Pythonisse l'arrête d'une main, en lui montrant le ciel de l'autre. Le tonnerre éclate ; Saul tombe foudroyé aux pieds de la Pythonisse. Le Grand-Prêtre étend les mains sur la tête de David ; le peuple s'agenouille. Tableau.

FIN.

Imprimerie de V͏e Dondey-Dupré, rue St-Louis, 46, au Marais.

www.ingramcontent.com/pod-product-compliance
Lightning Source LLC
Chambersburg PA
CBHW060703050426
42451CB00010B/1248